Impressum // Imprint

Copyright ©2017 Anna Nave
www.annanave.com

überarbeitete zweite Auflage
// revised second edition
2018

Herstellung und Verlag:
BoD – Books on Demand, Norderstedt
ISBN 9783746007434

INHALTSWARNUNG

Einige Inhalte dieses Gedichtbandes berühren die
Themen Depression, (emotionaler) Missbrauch,
Trauma, Ableismus, Lookismus, Sexismus.

// CONTENT WARNING

Some contents of this volume of poetry touch on
the topics depression, (emotional) abuse, trauma,
ableism, lookism, sexism.

ANNA NAVE

refracted

REIZÜBERFLUT

Warum muss ich laut sein

Warum muss ich schreien

Warum hört die Welt nicht auf

zu rennen

zu rasen

zu rauschen

Und hört

Wenn ich flüster

// SENSORY OVERLOAD

Why do I have to be loud

Why do I have to shout

Why can't the world stop

racing

raging

rushing

And listen

When I whisper

EINGEKREIST

Wenn ich flüster, bin ich zu leise.
Wenn ich atme, bin ich zu laut.
Es zieht um mich enge Kreise.
Es haftet auf meiner Haut.

Es haftet an meinen Händen
und an meinem Gesicht.
Es haftet an all meinen Enden.
Eigentlich gibt es mich nicht.

Wenn ich flüster, bin ich zu leise.
Wenn ich schreie, bin ich nicht da.
Immer enger zieht es die Kreise.
Was ich sage, ist nie wirklich wahr.

Meine Hände soll es nicht geben.
Mein Gesicht nicht, und meine Haut.
Eigentlich soll ich nicht leben.
Wenn ich atme, bin ich zu laut.

// ENCIRCLED

I'm breathing too noisy
and I whisper too thin.
It encircles me closely.
It adheres to my skin.

It adheres to my hands.
It sticks to my face.
Clings to all my ends.
I am out of place.

I whisper too low.
I don't exist when I scream.
The circles are narrow.
My words just a dream.

My hands are invalid,
my face not allowed,
skin disintegrated,
when I breathe, I'm too loud.

SCHWEIGEN

Ich fühl mich ungeschützt.

Irgendwo in der Wildnis

ohne Unterschlupf.

Und der Wind weht ganz stark

und ich will mich am Boden festhalten

damit ich nicht weggeweht werde.

·

Das ist gut.

Aber auch ganz schlimm.

Ich fühle mich verbunden und verstanden

weil so viele Menschen

scheinbar sehr ähnliche Erfahrungen und Gefühle haben wie ich.

Und doch fühle ich mich sehr allein und isoliert.

Sie sind woanders als ich

ich bin woanders als sie

und hier

wo ich bin

bin nur ich

und ich muss das doch allein schaffen.

Es gibt keine Verbündeten

hier

bei mir.

Und das ist das Schwere.

Ich habe niemanden, der mir dabei hilft

mich an die Hand nimmt.

Ich muss es alleine schaffen

weil ich hier drin

nunmal alleine bin.

Es wird erst dann jemand da sein

wenn ich es geschafft habe.

Erst draußen werde ich andere treffen.

Erst, wenn ich wirklich draußen bin

frei bin

mich getraut habe

erst dann

werde ich Kontakt finden.

Aber die Angst ist so groß..

Die Angst vor den anderen Dingen, auf die ich stoßen könnte.

Auf die ich stoßen werde

machen wir uns nichts vor.

Ich muss kämpfen.

Ich werde mich immer durchkämpfen müssen.

Die Widerstände werden nie aufhören.

Dabei bin ich doch schon jetzt so erschöpft.

Ich weiß, dass es besser ist

und dass es mich befreit

und doch

ein Teil von mir..

will nicht.

Will sich nicht in dieses ungeschützte Land begeben.

Wo der Wind weht

und ich keinen Halt habe.

Wo der Wind weht

und mich mitreißt

weil ich nicht genug Kraft habe, ihm zu trotzen.

Doch in mir

ist so viel

so viel, das wütet

so viel, das schreit.

Doch noch immer

bin ich stumm.

// SILENCE

I feel exposed.

Somewhere in the wild without shelter.

And the wind blows very strongly

and I want to hold on

to the ground

so I don't get blown off.

This is good.

But very hard, too.

I feel connected and understood

because there are so many people

who appear to be having the same experiences and feelings as me.

And yet I feel very alone and isolated.

They are somewhere I am not

I am somewhere they are not

and here

where I am

it is just me

and I do have to make this on my own.

There are no allies

here

with me.

And that is the hard thing.

I have no one to help me with it

to take me by the hand.

I have to make it on my own

because in here

I just am alone.

Only after I have made it

there will be somebody.

Only outside, I will meet others.

Only when I am really out

free

have already found the courage

only then

will I get connected.

But the fear is so big..

The fear of the other things that I might encounter.

That I will encounter

let's be realistic.

I must fight.

I will always have to fight my way through.

There will always be resistance.

But I am already so exhausted.

I know it's better

and it will free me

and yet

one part of me..

doesn't want to.

Doesn't want to go

to this exposed land.

Where the wind blows

and I don't find anything to hold on to.

Where the wind blows

and tosses me around because I lack the strength to withstand it.

But in me

there is so much

so much that rages

so much that screams

and yet

I am still silent.

LEER

Ich sitz herum.
Ich liege.
Ich starre an.
Versiege.

Ich sehne dich.
Ich lehne.
Ich wähne mich.
Ich träne.

Erhoffe mehr.
Ich träume.
Ich warte hier.
Versäume.

// DEPLETE

I sit.
I stare.
Deplete.

I yearn for you.
I ponder me.
I weep.

I hope for more.
I'm waiting here.
I sleep.

SCHULD

Wo mein Herz sein sollte

ist ein Stein.

Schwer und schwarz

breitet er sich aus

und setzt sich fest

in der Brust.

Hart.

Und zeigt mir

wie schlecht ich bin.

Wo mein Körper sein sollte

ist Trauer.

Schwer und tief.

Sie hält mich.

Ich halte sie.

Sie bleibt.

Dunkel.

Alles was ich je wusste

wie traurig ich bin.

Wo meine Stimme sein sollte

ist Angst.

Schwer und laut.

Sie dröhnt in meinem Hals.

Ich höre nichts.

Ich schweige.

Reglos.

Sie sollen nicht hören

wie ängstlich ich bin.

Wo ich sein sollte

ist Schuld.

Schwer und groß.

Sie zieht in meine Fasern.

Ich belüge dich.

Ich belüge mich.

Starr.

Ich will nicht fühlen

wie schuldig ich bin.

// GUILT

Where my heart should be

there is a stone.

Heavy and dark.

It spreads

and sets

in my chest.

Solid.

And shows me

how bad I am.

Where my body should be

is grief.

Heavy and deep.

It holds me.

I hold it.

It stays.

Somber.

All I've ever known

is how sad I am.

Where my voice should be

is fear.

Heavy and loud.

It clangs in my throat.

I hear nothing.

I say nothing.

Static.

They shall not hear

how fearful I am.

Where I should be

is guilt.

Heavy and big.

Draws into my strands.

I lie to you.

Lie to myself.

Sturdy.

Don't want to feel

how guilty I am.

HAUCH

transparent
um ihre Augen
auf ihrer Haut
ein leises Echo von dir.

tiefblau
in meinem See
treibt verloren
ein leiser Schmerz.

tieftrüb
über den Wellen
schwingst du nur
als leiser Wind.

trocken
in meinem Hals
liegt deine Härte
als leiser Stein.

// TRACE

diaphanous

around her eyes

on her skin

a quiet echo of you.

deepblue

in my lake

forlornly floats

a quiet ache.

desolate

above the waves

you oscillate

as quiet wind.

desiccated

in my throat

lies your severity

a quiet stone.

KÄFER

Warum bin ich überhaupt dort gewesen?

Was sollte ich denn da?

Wo mich keiner haben will.

Aber ich wusste nicht, wohin.

Und deshalb saß ich da.

Im Dunkeln.

Ich wusste nicht, was ich machen sollte.

Ich konnte nichts sagen.

Ich konnte keinen Schritt machen.

Ich konnte mich nicht bewegen,

weil alles einfach immer falsch war.

Ich hab immer alles falsch gemacht.

Ich bin so schlecht

und schrecklich

und böse

und dumm*

und hässlich*.

Und auch das Dasitzen

war falsch.

Ich war ganz eingesperrt.

Ich konnte gar nichts mehr machen,

ich hab mich gar nichts mehr getraut.

Sonst schimpft wer

oder haut mich

oder macht das,

was die Oma macht.

Ich kann's nicht beschreiben, was sie macht.

Es ist nicht so konkret.

Sie schaut einen so an.

Sie sagt irgendwas Abfälliges.

Und ich hab das Gefühl,

ich bin der schlimmste,

hässlichste*,

ekligste,

kleine Käfer

auf der Welt.

Es ist irgendwas in ihrem Blick,

in ihren Augen,

in ihrer Stimme.

Irgendwas.

Ich weiß nicht genau, was.

Am allermeisten hat es wehgetan,

was die Oma gemacht hat.

Am allermeisten.

Sodass ich einfach denke,

ich bin nicht richtig hier auf der Welt.

Ich bin fehl am Platz.

Am besten sollte es mich gar nicht geben.

Und es hat auch so wehgetan,

dass der Papa nie lieb war.

Er war immer nur gestresst

und hat mich angeschrien

und alle haben gestritten.

Wegen ihm.

Er war das.

Ich wollte immer,

dass er weggeht.

Weil es immer so schlimm war, wenn er da war.

Er war einfach böse zu mir. Und böse auf mich.

Aber ich versteh's nicht,

warum sind sie denn immer alle böse auf mich?

Und dann hab ich angefangen,

mir eine andere Welt herzuträumen.

Eine, in der Menschen sind,

die mich mögen.

Die mich lieb haben.

Die mir zuhören,

die mich beachten.

Die mich ansehen ohne das,

was die Oma in ihren Augen hat.

Sondern die mich so ansehen,

wie sie jemanden ansehen,

den sie mögen.

Das war das einzige, was ich hatte.

Ich war ganz alleine.

Und ich musste mir das herträumen.

Ich musste mich wegträumen.

Ich hab das so gebraucht.

Ich hab das so gebraucht.

Und ich brauchs immer noch.

Aber deshalb hab ich immer das Gefühl,

dass ich gar nicht richtig da bin.

Weil ich gar nicht richtig da bin.

// BUG

Why was I even there in the first place?

What was I supposed to do there?

Where nobody wants me.

But I didn't know where to go.

And so I sat there.

In the dark.

I didn't know what to do.

I couldn't say anything.

I couldn't take any step.

I couldn't move,

because everything was just always wrong.

I always did everything wrong.

I am so bad

and terrible

and nasty

and stupid*

and ugly*.

And even sitting there

was wrong.

I was trapped.

I couldn't do anything anymore,

I didn't dare.

Or someone will yell at me

or beat me

or do what Grandma does.

I can't describe it, what she does.

It is not very tangible.

She looks at me this way.

She says something contemptuous.

And I get the feeling

I am the nastiest,

ugliest*,

most disgusting

little bug

in the world.

It is something in her look,

in her eyes,

in her voice.

Something.

I don't exactly know what it is.

What Grandma did

hurt most of all.

Most of all.

So that I think

I am just not right in this world.

I am out of place.

I rather shouldn't exist at all.

And also, that Papa was never kind, hurt so much.

He was just always stressed

and yelled at me

and everyone was fighting.

Because of him.

It was him.

I always wanted him to go away.

Because it was so bad when he was there.

He was just mean to me.

Angry at me.

But I don't understand,

why are they always angry at me?

And then I started

to build myself a dream world.

One, where there are people who like me.

Who love me.

Who listen to me,

who notice me.

Who look at me

without that thing

Grandma has in her eyes.

But who look at me

like they look at someone

they like.

That was the only thing I had.

I was alone.

I needed this dream world around me.

I needed to escape into this world.

I needed that so much.

I needed that so much.

And I still need it.

But that is why I always feel like I am not really here.

Because I'm not really here.

SALZNASS

Wenn außen sichtbar wäre
was innen los ist
würde mein ganzer Körper bluten.
Ich sehe durch Salz
verschwommen
getränkt
verklebt
innen bluten
außen fluten
an die Luft strömen
sichtbar
heilsam
sichtbar
balsam
sichtbar
nass.
Tränen hinterlassen keine Narben.

// SALTWET

If what's inside

was outward visible

my whole body would bleed.

I see through salt

blurry

soaked

sticky

bleed inside

flood outside

stream to air

visible

healing

visible

balsam

visible

wet.

Tears don't leave scars.

BENOMMEN

Du hältst mich nah
und bist mir fern.
Du hältst mich so,
dass du wie die Rettung aussiehst.
Du hältst mich wartend
auf die Rettung, die aussieht wie du.
Du hältst mich gefroren
und ich bewege mich nicht.
Du hältst mich
und ich habe Angst zu fallen.
Du hältst mich nah
und bleibst mir fern.

// DAZED

You hold me close
and you are distant.
You hold me so
you look like salvation.
You hold me waiting
for salvation looking like you.
You hold me frozen
and I don't move.
You hold me
and I'm afraid to fall.
You hold me close
and you stay distant.

ZERTRENNT

Machst alles
schaffst nichts.
Deine Selbstgefälligkeit
verletzt.

Schaffst alles
machst nichts.
Deine Halbherzigkeit
verletzt.

Bist träge
in Eile.
Deine Zeitlosigkeit
verletzt.

Fängst auf
und lässt fallen.
Deine Gleichgültigkeit
verletzt.

// DISCONNECTED

You do it all
inaptly.
Your complacency
hurts.

Capable
yet idle.
Your half-heartedness
hurts.

Sluggishly
in hurry.
Your timelessness
hurts.

Fielding
while leaking.
Your indifference
hurts.

VERRANNT

Vielleicht hab ich mich verlaufen.

Vielleicht hab ich mich verrannt,

in all der Zeit.

Es tut mir leid.

Ich hab nichts anderes gekannt.

Sah

verstand

nichts anderes.

Ich weiß nicht mehr,

was echt ist.

Sich täuschen tut weh,

sich nicht täuschen eh.

Bin weitergerannt.

Hab den Weg doch gekannt?

Vielleicht hab ich mich verlaufen,

vielleicht hab ich mich verrannt.

ASTRAY

Maybe I ran astray.

Got carried away

all these days.

I'm sorry.

Knew nothing else and

couldn't see

or comprehend

any differently.

It hurts to err

and not to err.

I'm in disarray

'bout verity.

Kept running far.

Thought I knew where.

Maybe I ran astray.

Got carried away.

LUFTLINIE

Auf den Straßenlinien

rollen sie entlang

ich laufe

durchs Dickicht.

Auf den Straßenlinien

rollen sie davon

vergessen

mein Gesicht.

Auf den Straßenlinien

rollen sie träge weiter

und ich

nicht

Ich will nicht mehr

zu ihnen

die Straßenlinien

sind zu schwer

meine Linien zeichnen in der Luft

meine Formen liegen im Wind

meine Tropfen schwingen leise

woanders.

LINEAR DISTANCE

Along the roadlines

they trundle

i run through

the thicket

Along the roadlines

they trundle off

and erase

my face.

Along the roadlines

they trundle on

sluggishly

without me

I don't gravitate to them

any longer

the roadlines weigh

too grave

my lines draw in the air

my shapes lie in the wind

my drops oscillate softly

somewhere else.

MILLISEKUNDE

Und alles in mir

zerspringt

zerbirst

in millionen Teilchen.

Und alles in mir

verschmilzt wieder

passt perfekt.

Und alles in mir

zerspringt

zerbirst

in millionen Teilchen.

Alles

in mir

ich

verschmelze

zerberste

verschmelze

zerberste

wieder

wieder

wieder

millionen mal

millionen Teilchen

in einer Sekunde

wenn ich *sie* sehe.

// MILLISECOND

And all in me

implodes

bursts

into a million tiny pieces.

And all in me

merges again

fits perfectly.

And all in me

implodes

bursts

into a million tiny pieces.

All

in me

I

merge

burst

merge

burst

again

again

again

a million times

a million pieces

in one second

whenever I see *her.*

SOFORT

kein Platz für mich
kein Ort
kein Raum
bin fort.

kein Platz ist hier
such einen Ort
ich mach mir Raum
dort.

Ich will hier Platz
Es gibt hier keinen Ort
Ihr gebt mir keinen Raum
und ich habe kein Wort.

Ich brauche hier Platz
Ich brauche einen Ort
Ich geb mir eigenen Raum
sofort.

// NOW

no room for me
there is no place
there is no space
to be.

no room is here
look for a place
and make some space
nowhere.

I want some room
they have no place
won't give me space
I'm still.

I need my room
I need my place
I give me space
I will.

ANMERKUNG // ANNOTATION

*

Das Wort „dumm" ist sowohl wegen seines etymologischen und historischen Hintergrundes als auch wegen seiner heutigen Bedeutung abwertend für Menschen mit geistigen/psychischen/ neurologischen Erkrankungen und Behinderungen. Das Wort „hässlich" wertet Menschen aufgrund ihres Aussehens ab. Daher möchte ich diese Begriffe normalerweise gar nicht verwenden. In dem Gedicht „Käfer" beschreibt mein kindliches Ich, wie es auf diese Art abgewertet wurde und richtet die ableistischen und lookistischen Schimpfworte deshalb auch gegen sich selbst. Um die Schwere der entstandenen Verletzung auszudrücken, müssen sie hier auch so stehen bleiben, sollen jedoch nicht unkommentiert bleiben.

// The word "stupid" is both because of its etymological and historical background and its present meaning derogatory towards people with mental/neurological illnesses and disabilities. The word "ugly" devalues people because of their external appearance. Therefore, I usually avoid using these terms. In the poem "bug", my child self describes how she was depreciated in these ways and thus uses the ableist and lookist slurs against herself. In order to express the severity of the caused injury, I need to keep them in the poem, but they shall not be left uncommented.

Danke // Thanks

Anna Kaltenbrunner